Perlen der Freude

Perlen der Freude

Bild- und Textauswahl: Evelyn Baetes
Fotos: Edmond van Hoorick
Edition Albert Schwarz

Vertrieb: D: SKV, 7630 Lahr, Tel.: 0 78 21 / 58 10
CH: Schweizer Buchzentrum Hägendorf, CH-6410 Olten, Tel.: 0 62 / 47 61 61
A: Leykam Alpina AG, A-8020 Graz, Tel.: 0 3 16 / 2 80 00

© 1984   Edmond van Hoorick, Richterswil/Schweiz
Lizenzausgabe für Deutschland, Schweiz, Oesterreich
Edition Albert Schwarz, 7615 Zell a. H.
Bild- und Textauswahl Evelyn Baetes
Gesamtherstellung: St.-Johannis-Druckerei, 7630 Lahr
3-925377-54-9

Seine Freude zu erobern ist mehr wert als sich seinem Schmerz zu überlassen.

André Gide

Freude ist
der Himmel,
unter dem alles gedeiht.

Jean Paul

Freude beruht auf dem
frohen Glauben,
daß das Gute überwiegt.

Helen Keller

Freude ist,
das Leben durch einen
Sonnenstrahl hindurch
gesehen.

Carmen Sylva

Die Tiefe
   ist im Klaren
und Heiteren.
   Hermann Hesse

Wir wundern uns nie
 über den Sonnenaufgang
  einer Freude,
 sondern über den
Sonnenuntergang derselben.
Jean Paul

Freude ist Kraft.

Sprichwort

Ein freundlich Wort
findet immer
guten Boden.

Jeremias Gotthelf

Man soll auf alles achten,
was Freude macht,
dann kann man alles deuten.

Hermann Hesse

Die Freude,
die wir geben,
kehrt ins eigene Herz
zurück.

Sprichwort

Freude ist
 wie ein Wattenmeer,
in dem zu Zeiten der Ebbe
 jedermann
 spazierengehen kann.

Christian Morgenstern

Freude ist wie ein
blühender Baum.

Sprichwort

Das Lächeln
 ist Pforte und Tür,
durch die viel Gutes kommt.

Sprichwort

Freude
　　　macht uns
Unsterblichen gleich.
　　　　Geibel

Freude ist keine
 Gabe des Geistes;
sie ist eine Gabe des Herzens.

Ludwig Börne

Humor ist,
wenn man trotzdem lacht.
Otto Julius Bierbaum

F reude öffnet alle Türen.

Dänisches Sprichwort

Wenn wir einen Menschen
   glücklicher und heiterer
machen können,
      so sollten wir es
in jedem Fall tun.

Hermann Hesse

Freude ist
	die Realität akzeptieren
und den Abgrund sehen.

Henry Miller

Wir können der Sonne
    nicht entgegeneilen,
  auch nicht nachlaufen,
aber wir können sie immer
    im Herzen tragen.

Carla Pols

Optimismus
baut Brücken
über dem Abgrund.

Joseph von Marawski

Quellenverzeichnis

Seite 6 - Jean Paul
Sämtliche Werke Hist. Krit. Ausg. Hrsg. Weimar Hermann Böhlau 1927

Seite 8 - Helen Keller
Zitatenhandbuch, Moderne Verlags GmbH München

Seite 10 - Carmen Sylva
Seite 32 - Ludwig Börne
Seite 34 - Otto Julius Bierbaum
Aphorismen von A - Z, Drei Lilien Verlag, Wiesbaden

Seite 12, Seite 20, Seite 38
Hermann Hesse
Lektüre für Minuten, Suhrkamp Verlag, Frankfurt

Seite 14 - Jean Paul
Das treffende Zitat, Ott Verlag, Thun

Seite 16 - Sprichwort
Niederländische Erzählungen, Het Spectrum Uitg.

Seite 18 - Jeremias Gotthelf
Anthologie Schweizer Schriftsteller, Luzern 1920

Seite 22 - Sprichwort
Standaard Modern Citatenboek, Uitg. Standaard

Seite 24 - Christian Morgenstern
Stufen, Weltbildbibliothek

Seite 26 - Sprichwort
Groenboekje Standaard Uitgeverij Antwerpen

Seite 28 - Sprichwort
Holländische Sprichwörter

Seite 30 - Geibel
Distichen vom Strande der See, Weltbibliothek

Seite 36 - Dänisches Sprichwort
Sprichwörterbuch Prisma Nv

Seite 40 - Henry Miller
Steenbokskeerkring, De Bezige bij A'Dam

Seite 42 - Carla Pols
Lichtsignalen Ankh Hermes BV Deventer

Seite 44 - Joseph von Marawski
Literatur Citatenboek Loeb A'Dam

In der Reihe Perlen sind bereits erschienen:

Perlen der Hoffnung
Perlen des Glücks
Perlen der Liebe
Perlen der Weisheit

Perlen des Friedens
Perlen der Freude
Perlen der Freiheit
Perlen der Kindheit

Perlen der Schweiz
Perlen der Lebenskunst
Perlen der Freundschaft
Perlen der Heiterkeit

Perlen der Zärtlichkeit
Perlen der Gemeinsamkeit
Perlen der Stille
Perlen der Menschlichkeit

Perlen des Trostes
Perlen des Lächelns
Perlen der Geborgenheit